EXTRAITS
DE LA
POLITIQUE SACRÉE
DE M. BOSSUET,
SUR
L'AUTORITÉ.

§ I.

DE L'AUTORITÉ EN GENERAL.

De la vraie Politique.

LA vraie *Politique* est toute tirée *de l'Ecriture sainte.* Avant-Propos.

« Dieu est *le Roi des Rois* : c'est » à lui qu'il appartient de les ins- » truire, & de les régler comme

» ſes Miniſtres. Ecoutez donc, » Monſeigneur *, les leçons qu'il » leur donne dans ſon Ecriture; » & apprenez de lui les regles & » les exemples ſur leſquels ils doi- » vent former leur conduite . . . Il » n'y oublie rien pour leur appren- » dre à bien régner.

» Ces Livres comprennent en » effet la plus belle & la plus juſte » Politique qui fût jamais . . . *une* » *Politique vraiment divine* ».

Du Gouvernement.

Livre 1. Article 3. Prop. 1. Prop. 2. Pour *unir les peuples, il a fallu établir un Gouvernement; . . . tout ſe diviſant & ſe partialiſant parmi les hommes.*

« La ſeule autorité du *Gouverne-* » *ment* peut mettre un frein aux » paſſions & à la violence devenue » naturelle aux hommes . . . La » juſtice n'a de ſoutien que l'auto- » rité & la ſubordination des puiſ- » ſances. Cet ordre eſt le frein de

* Monſeigneur *le Dauphin*, fils unique de Louis XIV, pour lequel cet Ouvrage fut fait, & à qui il eſt dédié.

» la licence. Quand chacun ſait ce
» qu'il veut, & n'a pour regle que
» ſes deſirs, tout va en confuſion.
» C'eſt auſſi par la ſeule autorité Prop. 3.
» du *Gouvernement* que l'union eſt
» établie parmi les hommes... C'eſt
» l'effet du commandement légiti-
» me ... autrement nulle union :
» les peuples errent vagabonds,
» comme un troupeau diſperſé. De Prop. 5.
» tout cela il réſulte qu'il n'y a pas
» pire état que l'*Anarchie*; c'eſt-à-
» dire, l'Etat où il n'y a point de
» Gouvernement, ni d'autorité...
» Où tout le monde fait ce qu'il
» veut, nul ne fait ce qu'il veut;
» où il n'y a point de Maître, tout
» le monde eſt maître; où tout le
» monde eſt maître, tout le monde
» eſt eſclave... M. Boſſuet appel-
» le ailleurs cet état, *un état de
guerre de tous contre tous.*

Des Loix.

Il *faut joindre les Loix au Gou-* Livre 1.
vernement, pour le mettre dans ſa per- Art. 4.
fection. « C'eſt-à-dire, qu'il ne Prop. 1.
» ſuffit pas que le Prince, ou le

» Magiſtrat Souverain regle les cas
» qui ſurviennent ſelon l'occurren-
» ce ; mais qu'il faut établir *des*
» *regles générales de conduite*, afin
» que le gouvernement ſoit conſ-
» tant & uniforme : & c'eſt ce
» qu'on appelle *Loix* ».

Prop. 6. *La loi eſt ſacrée & inviolable.*

« Pour entendre parfaitement la
» nature de la loi, il faut remar-
» quer que tous ceux qui en ont
» bien parlé, l'ont regardée dans
» ſon origine comme *un pacte & un*
» *traité ſolennel*, par lequel les
» hommes conviennent enſemble
» par l'autorité des Princes, de ce
» qui eſt néceſſaire pour former
» leur ſociété.

» On ne veut pas dire par-là,
» que l'autorité des Loix dépende
» du conſentement & acquieſce-
» ment des peuples : mais ſeule-
» ment que le Prince, qui d'ail-
» leurs par ſon caractere n'a d'au-
» tre intérêt que celui du Public,
» *eſt aſſiſté* (dans l'établiſſement des
» Loix) *des plus ſages têtes de la*
» *nation*, & appuyé ſur l'expé-
» rience des ſiécles paſſés. Cette

» vérité eſt conſtante parmi tous » les hommes.

» *La Loi eſt* même *réputée avoir* » *une origine divine*. C'eſt pour» quoi tous les peuples, ainſi que » tous les Légiſlateurs, ont voulu » donner à leurs Loix une origine » divine ; & ceux qui ne l'ont pas » eue, ont feint de l'avoir ... Ils » ont voulu que la *convention*, par » laquelle les peuples s'obligeoient » entr'eux à garder les Loix, fût » comme affermie par l'autorité » divine, afin que perſonne ne pût » s'en dédire ... Et c'eſt ainſi que » les Loix deviennent *ſacrées & in*» *violables* ». Prop. 7.

Des Loix fondamentales.

Il y a des Loix fondamentales qu'on ne peut changer : il eſt même très-dangereux de changer ſans néceſſité celles qui ne le ſont pas. Liv. 1. Art. 4. Prop. 8.

« C'eſt principalement de ces » Loix *fondamentales* qu'il eſt écrit : » « qu'en les violant on ébranle tous » les fondemens de la terre : *Après* » *quoi il ne reſte plus que la chûte* Pſ. 81. 5.

» *des Empires.* En général les Loix
» ne ſont pas Loix, ſi elles n'ont
» quelque choſe d'inviolable ...
» Tous les peuples civiliſés con-
» viennent de cette maxime.

Eſth. 1. 19. » Qu'il ſoit fait un Edit, & qu'il
» ſoit écrit ſelon la loi inviolable
» des Perſes & des Medes, « diſent
» à Aſſuérus les ſages de ſon Con-
» ſeil, qui étoient toujours près
» de ſa perſonne. Ces ſages ſça-
» voient les Loix & le droit des
» Anciens. *Cet attachement aux Loix*
» *& aux anciennes maximes, affer-*
» *mit la ſociété, & rend les Etats*
» *immortels.*

» On perd la vénération pour les
» Loix, quand on les voit ſi ſou-
» vent changer. C'eſt alors que les
» nations ſemblent chanceller com-
» me troublées, & priſes de vin,
Iſ. 19. 14. » « ainſi que parlent les Prophetes.
» L'eſprit de vertige les poſſede,
Ibid. » & *leur chûte eſt inévitable :* « parce
» que les peuples ont violé les loix,
» changé le droit public, & rompu
» les pactes les plus ſolemnels » ...
» Le peuple qui a renverſé l'ordre,
» oublié la loi, établi *une religion*

» *& une loi arbitraire*, ne mérite
» pas le nom de peuple.

» C'eſt l'état d'un malade in-
» quiet, qui ne ſçait quel mouve-
» ment ſe donner ... On tombe
» dans cet état quand les loix ſont
» variables & ſans conſiſtance,
» c'eſt-à-dire, *quand elles ceſſent*
» *d'être loix* ». [Tout eſt ici à remarquer.]

Des Maximes anciennes.

M. Boſſuet revient ſouvent à ce point des *Loix fondamentales*, & des *anciennes Maximes*.* A ce qu'il vient d'en dire, il ajoute ailleurs ce qui ſuit, & donne ces avis ſi importans & ſi ſalutaires aux Souverains :

» N'outrepaſſez point les bornes Liv. 5.
» poſées par vos Ancêtres. *Gardez* Art. 2.
» *les anciennes maximes, ſur leſ-* Prop. 7.
» *quels la Monarchie a été fondée &*
» *s'eſt ſoutenue.* Imitez les Rois de

* Voyez ce qui en eſt dit encore au Titre de l'*Autorité arbitraire*, qui y a beaucoup de rapport, & qu'on joindra par cette raiſon à celui-ci.

» Perse qui avoient toujours auprès » d'eux ces sages Conseillers, instruits des loix & des maximes anciennes.

Liv. 10. Art. 2. Prop. 2. & 3. » Le Roi (remarque-t-il encore » en un autre lieu) consultoit les » Sages qui étoient toujours auprès » de sa personne, qui sçavoient les » loix, & le droit & les coutumes » des Ancêtres, & il faisoit tout » par leur conseil... Les conseils » sages & stables de tels Ministres » produisent *des loix*, qui ont toute » la fermeté, & pour ainsi dire, » *l'immobilité* dont les choses humaines sont capables.

Esth. 1. 19. 20. » « Si vous l'avez pour agréable (disent ces ministres à Assuérus) qu'il parte un Edit de » devant le Roi selon la loi des » Perses & des Medes, qu'il ne » soit point permis de changer, » & qui soit publié pour être inviolable dans toute l'étendue de » votre empire »... *C'étoit l'esprit de la nation* : & tant les Rois » que les peuples tenoient pour » maxime cette *immutabilité* des » decrets publics... De maniere

» qu'on osa bien dire au Roi : » « *Sçachez*, *Prince*, que c'est la loi des Medes & des Perses, qu'il n'est pas permis de changer les Ordonnances du Roi » (portées suivant les loix du Royaume.) » *C'étoit en effet la loi du païs* ». Dan. 7. 15.

De l'amour de la Patrie.

Il *faut être bon Citoyen*, & *sacrifier à sa patrie dans le besoin tout ce qu'on a*, & *sa propre vie.* Liv. 1. Art. 6. Prop. 1.

» Il faut être *bon Citoyen*... C'est » pourquoi les séditieux, qui n'aiment pas leur pays, & y portent » la division, sont l'exécration du » genre humain. La terre ne les peut » pas supporter, & s'ouvre pour » les engloutir. Ainsi périrent Coré, » Dathan & Abiron ... Ainsi méritent d'être retranchés ceux qui » mettent la division parmi le peuple. *Il ne faut point avoir de société avec eux* : en approcher, » c'est approcher de la peste.

» On ne doit point épargner ses » biens quand il s'agit de servir sa » patrie. Qui sert le public, sert

» chaque particulier ... Il faut
» même, sans hésiter, exposer sa
» vie pour son païs. *Ce sentiment est*
» *commun à tous les peuples*, & sur-
» tout il paroît dans le peuple de
» Dieu ... C'est une honte de
» demeurer en repos dans sa mai-
» son, pendant que nos citoyens
» sont dans le travail & dans le
» péril pour la commune patrie.

» Enfin il n'y a plus de joie
» pour un bon citoyen, quand sa
» patrie est ruinée. De-là ce dis-
» cours de Mathatias : *Malheur à*
1. Mach. II. 7. & suiv. » *moi !* « Pourquoi suis-je né pour
» voir la ruine de mon peuple, &
» celle de la cité sainte ? &c. L'or-
» gueil & la tyrannie ont prévalu :
» voici des temps de malheur & de
» ruine pour nous : *mourons pour*
» *notre peuple & pour nos freres.* »

Conclusion du Livre. » Quiconque donc (infere de
» tout cela notre habile Politique)
» n'aime pas la société civile dont
» il fait partie, c'est-à-dire, l'Etat
» où il est né, *est ennemi de lui-*
» *même, & de tout le genre humain.*

De la Monarchie Françoise.

» La FRANCE peut se glorifier, » dit M. Bossuet, d'avoir *dès son* » *son origine*, par l'ordre de la di- » vine providence, la meilleure » constitution d'Etat qui soit pos- » sible, & la plus conforme à celle » que Dieu même a établie. Ce qui » montre tout ensemble, ajoute-t-il, » & *la sagesse de nos Ancêtres*, & la » protection particuliere de Dieu » sur ce Royaume.

Liv. 2. Art. 1. Prop. 11.

» *On doit* donc *s'attacher à la* » *forme du gouvernement établie*. . . . » de sorte qu'il faut demeurer dans » l'état auquel un long temps a ac- » coûtumé le peuple . . . Chaque » peuple doit suivre, *comme un* » *ordre divin*, le gouvernement » établi dans son païs; parce que » Dieu est un Dieu de paix, & qui » veut la tranquillité des choses hu- » maines . . . Il prend en sa pro- » tection tous les gouvernemens lé- » gitimes, en quelque forme qu'ils » soient établis : Et qui entreprend » de les renverser, *n'est pas seule-*

Prop. 12 & Conclusion du Livre.

„ *ment ennemi public, mais encore* „ *ennemi de Dieu.* [Quel personnage à ſoutenir !]

---

§ 2.

De l'Autorité' arbitraire.

M. Boſſuet en traite dans ſon Livre huitiéme : & ce qu'il en dit mérite une très-grande attention.

Du Pouvoir ou Gouvernement Arbitraire.

Liv. 8. Art. 1. Prop. 4.

Sous *un Dieu juſte, il n'y a point de Pouvoir purement arbitraire.*

„ Sous un Dieu juſte, il n'y a „ point de puiſſance, qui ſoit af- „ franchie par ſa nature, de toute „ loi naturelle, divine, ou humai- „ ne. Il n'y a point au moins de „ puiſſance ſur la terre, qui ne ſoit „ ſujette à la juſtice divine.

Ibidem. Art. 2. Prop. 1.

Mais *il y a parmi les hommes une eſpece de Gouvernement, que l'on appelle arbitraire : mais qui ne ſe trouve point parmi nous dans les*

Etats parfaitement policés. [C'est de cette espéce de Gouvernement ou de Pouvoir arbitraire qu'il s'agit ici.]

Conditions de ce Pouvoir.

Quatre *conditions accompagnent ces sortes de Gouvernement.* Ibidem. Art. 2. Prop. 1.

„ Premierement, les peuples sont „ nés esclaves : c'est-à-dire, vrai„ ment serfs : & parmi eux il n'y a „ point de personnes libres.

„ Secondement, on n'y posséde „ rien en propriété : tout le fonds „ appartient au Prince, & il n'y a „ point de droit de succession.

„ Troisiémement le Prince a „ droit de disposer à son gré, „ non-seulement des biens, mais „ encore de la vie de ses sujets : „ comme on feroit des esclaves.

„ Et enfin en quatriéme lieu, „ *il n'y a de loi que sa volonté.*

„ Voilà ce qu'on appelle *Puis„ sance arbitraire* *.

* La derniere condition, qui fait tout dépendre de la *volonté* purement arbitraire du Souverain, laquelle tient lieu de *loi*, & d'où dérivent les autres conditions; cette

„ M. Boſſuet ne veut pas exa-
„ miner, dit-il, ſi elle eſt *licite*,
„ *ou illicite*, y ayant des peuples
„ & de grands empires qui s'en con-
„ tentent : il lui ſuffit de dire qu'el-
„ le eſt *barbare & odieuſe*. Ces qua-
„ tre conditions, ajoute-t-il, ſont
„ bien éloignées de nos mœurs ;
„ & ainſi *le Gouvernement arbitraire*
„ *n'y a point de lieu* . . . Et quant
„ aux deux dernieres (c'eſt-à-dire
„ la troiſiéme & la quatriéme) elles
„ paroiſſent ſi contraires à l'huma-
„ nité & à la ſociété, qu'elles ſont
„ *trop viſiblement oppoſées au Gou-*
„ *vernement légitime.*

Différence du Pouvoir abſolu & de l'arbitraire.

M. Boſſuet continue : *C'eſt autre choſe que le Gouvernement ſoit*

condition, dis-je, quand elle feroit ſeule, ſuffiroit pour former *la Puiſſance arbitraire*, & rappelleroit aiſément les autres conditions, qu'elle renferme toutes dans le principe. Ainſi elle ne peut jamais ſe concilier avec *le Gouvernement légitime*, comme M. Boſſuet va le dire.

absolu : autre chose qu'il soit arbitraire. (Il avoit déja dit ailleurs * ; *qu'il n'y a rien de plus distingué* que ces deux choses, quoique *plusieurs affectent de les confondre.*) „ Le „ Gouvernement est *absolu* par „ rapport à la contrainte : n'y ayant „ aucune puissance capable de for- „ cer le Souverain, qui en ce sens „ est indépendant de toute autorité „ humaine. Mais il ne s'ensuit pas „ de-là que le Gouvernement soit „ *arbitraire.*

Ibidem.

* Liv. 4. Art. 1.

„ La raison en est, qu'outre que „ tout est soumis au jugement de „ Dieu, ... *il y a des loix dans les* „ *empires* (ce sont sur-tout les loix „ fondamentales) *contre lesquelles* „ *tout ce qui se fait est nul de droit ;* „ & il y a toujours ouverture à „ revenir contre, ou dans d'au- „ tres occasions, ou dans d'autres „ temps : ... *loix* dont la vigilance „ & l'action contre les injustices & „ les violences est *immortelle*, ainsi „ qu'on l'a expliqué ailleurs plus „ amplement. Et *c'est-là* ce qui s'ap- „ pelle *le Gouvernement légitime*, *op-* „ *posé par sa nature au Gouvernement*

Endroit très-remarquable sur les *Loix fondamentales.*

Voyez ci-dessus au Titre *des Loix fondamentales.*

„ *arbitraire.* [Ces deux Gouvernemens ſont donc eſſentiellement oppoſés ; & le légitime n'eſt appuyé que ſur les loix fondamentales, qui ne peuvent ſubſiſter avec l'arbitraire, & avec leſquelles l'arbitraire ne peut jamais s'allier.]

Suite de la même matiere.

Qu'il me ſoit permis pour confirmer tout ceci, d'ajoûter d'un autre Ouvrage de M. Boſſuet un morceau précieux, qui a un rapport direct à ce ſujet. Il eſt pris de ſon *Cinquiéme Avertiſſement* aux Proteſtans.

5. Avertiſſ. n. 56.

„ C'eſt *une grande erreur* de croire
„ qu'on ne puiſſe donner des bornes à la puiſſance ſouveraine,
„ qu'en ſe réſervant ſur elle un droit
„ ſouverain ... Les Monarchies
„ les plus abſolues ne laiſſent pas
„ d'avoir des bornes inébranlables
„ dans *certaines loix fondamentales*,
„ *contre leſquelles on ne peut rien*
„ *faire qui ne ſoit nul de ſoi* ... Ravir
„ par exemple le bien d'un ſujet
„ pour le donner à un autre, eſt un

Autre endroit non moins important ſur ces mêmes Loix.

„ acte de cette nature : on n'a pas „ besoin d'armer l'oppressé contre „ l'oppresseur, *le temps combat pour „ lui, & la violence reclame contre „ elle-même.*

„ Ainsi le Gouvernement va tout „ seul, & se soutient, pour ainsi „ dire, par son propre poids (tant „ que ces loix sont en vigueur.) „ Sans craindre qu'on les contrai- „ gne, les Rois habiles se donnent „ eux-mêmes des bornes pour s'em- „ pêcher d'être surpris ou préve- „ nus ; *ils s'astreignent à certaines „ loix, parce que la puissance outrée „ se détruit enfin elle-même.* [Qu'on voye donc où aboutit le Despotisme, & à quoi on réduit la puissance en voulant l'outrer].

Exemple mémorable à ce sujet.

C'est la célebre *Histoire d'Achab Roi d'Israël, de Jézabel sa femme, & de Naboth.* M. Bossuet la rapporte avec étendue, & y joint quelques réflexions, dont je ne ferai que réunir les principaux traits. Ibidem. Prop. 4.

„ 1°. Le *crime* que Dieu punit

„ avec tant de rigueur dans Achab
„ & Jezabel, c'est *la volonté dépra-*
„ *vée* de disposer à leur gré, indé-
„ pendamment de la loi de Dieu,
„ qui étoit aussi celle du Royaume,
„ des biens, de l'honneur, de la
„ vie d'un sujet, qu'ils vouloient
„ contraindre à vendre son héri-
„ tage : ce que n'avoient jamais
„ fait les bons Rois : comme aussi
„ *de se rendre les maîtres des juge-*
„ *mens publics ; & de mettre en cela*
„ *l'autorité royale.*

„ 2°. Achab entre en furie du re-
„ fus de Naboth : ... sa femme Je-
„ zabel survient : & au lieu de gué-
„ rir cet esprit malade ; elle lui per-
„ suade au contraire par des ma-
„ nieres moqueuses, *qu'il a perdu*
„ *toute autorité, s'il ne fait tout à sa*
„ *fantaisie.* Enfin sans garder au-
„ cune forme de jugement, elle or-
„ donne elle-même les voies de fait.
„ Elle sacrifie encore la religion à
„ ses injustes desseins, & veut qu'on
„ se serve de celle du jeûne public,
„ pour immoler un homme de bien
„ à la vengeance du Roi, *& à*
„ *cette idée d'autorité, qu'on fait con-*

„ *sister à faire tout ce qu'on veut.*

„ 3°. Mais en même-temps la „ justice divine se déclare. Achab „ est puni, Jezabel aussi ... eux „ & leur famille, où tout fut im- „ molé à une juste, perpétuelle, „ & inexorable vengeance. *Et c'est* „ *ainsi*, conclut M. Bossuet en fi- „ nissant ce récit, *que furent punis* „ *ceux qui vouloient introduire dans* „ *le Royaume d'Israël la* PUISSAN- „ CE ARBITRAIRE. [Le crime est „ donc bien grand, puisqu'il mé- „ rite un si grand châtiment.]

Question si les Rois sont soumis aux Loix ?

A cette Puissance arbitraire revient encore une question, que traite M. Bossuet : sçavoir *si les Rois sont soumis aux Loix ?* & qu'il décide en établissant que, quoique les Rois ne soient pas sujets à coaction, ils ne sont pas cependant dispensés des loix. Liv. 4. Art. 1.

Les Rois non sujets à coaction.

Ibidem. Prop. 3. Il est donc vrai qu'*il n'y a point de force coactive contre le Prince* (c'est-à-dire, de puissance qui le contraigne, le force, lui commande, ou le punisse.)

» On appelle force *coactive* une » puissance pour contraindre à exé» cuter ce qui est ordonné légiti» mement. Au Prince seul appar» tient le commandement légitime; » à lui seul appartient aussi *la force* » *coactive*. C'est aussi pour cela que » S. Paul ne donne le glaive qu'à lui
Rom. 13. 4. » seul : « ce n'est pas envain, dit-il, » qu'il porte le glaive ».

» Il n'y a donc dans un Etat que » le Prince *qui soit armé* : autrement » tout est en confusion, & l'Etat » retombe en Anarchie. Qui se fait » un Prince souverain, lui met en » main tout ensemble, & l'autorité » souveraine de juger (jointe au » devoir de le faire selon la justice » & les loix) & toutes les forces » de l'Etat ... C'est-là ce qui se » peut appeller *la loi royale*. [Et asſurément perſonne ne la conteſte.]

Les Rois ſoumis aux Loix.

Cependant *les Rois ne ſont pas pour cela affranchis des Loix.* Ibidem. Prop. 4.

„ Dans le Deutéronome Dieu „ preſcrit aux Rois de ſon peuple „ *la loi* qu'ils doivent ſuivre . . . Et „ il faut remarquer que cette loi ne „ comprenoit pas ſeulement la Re-„ ligion ; mais encore *la loi du* „ *Royaume*, à laquelle le Prince „ étoit *ſoumis* autant que les autres, „ ou plus que les autres, par la „ droiture de ſa volonté. Deuter. 17. 7. & ſuiv.

„ Mais c'eſt, dit S. Ambroiſe, „ ce que les Princes ont peine à en-„ tendre . . . De-là néanmoins cette „ belle loi d'un Empereur Romain „ (Domitien.) *C'eſt une parole* „ *digne de la Majeſté du Prince, de* „ *ſe reconnoître ſoumis aux loix* *. Apol. David. l. 2. L. *Digna C. de Legib.*

* Cette parole ici abrégée eſt plus étendue ailleurs. Elle eſt ainſi rapportée dans les *Remontrances* du Parlement du 9 Avril 1753 : « Il eſt digne de la Majeſté Souveraine de ſe reconnoître aſſujettie aux loix. Notre autorité dépend de celle des loix. Il

[Elle eſt encore plus digne d'un Empereur Chrétien.]

„ Les Rois ſont donc ſoumis „ comme les autres *à l'équité des* „ *loix* ; & parce qu'ils doivent être „ juſtes, & parce qu'ils doivent au „ peuple l'exemple de la juſtice. „ Mais ils ne ſont pas ſoumis *aux* „ *peines des loix* : ou, comme parle „ la Théologie, ils ſont ſoumis aux „ loix, non *quant à la puiſſance* „ *coactive* ; mais *quant à la puiſſance* „ *directive*. [C'eſt-à-dire, pour expliquer ces termes Scholaſtiques, que quoique tenus à l'obſervation des loix, même de celle du Royaume, ainſi que leurs ſujets, ils ne peuvent y être forcés par la crainte du châtiment, ni punis de leur infraction ; ſi ce n'eſt de Dieu ſeul, qu'ils doivent d'autant plus craindre, qu'ils craignent moins les hommes.]

C'eſt en ce ſens que M. Boſſuet explique le diſcours de Samuel au peuple Juif, qui lui demandoit

y a plus de grandeur à ſoumettre la Couronne aux loix, qu'à la porter ».

un Roi. " Il leur déclare que la 1. Reg. 8. 11. & suiv.
„ puiſſance de leur Prince ſera
„ abſolue, ſans pouvoir être reſ-
„ trainte par aucune autre puiſſan-
„ ce. " Voici *le droit du Roi* qui
„ regnera ſur vous : il prendra
„ vos enfans, ſe ſaiſira de vos
„ terres, & le reſte : *hoc erit jus*
„ *Regis*. Eſt-ce donc, demande
„ M. Boſſuet, qu'ils auront droit de
„ faire tout cela *licitement* ? A Dieu
„ ne plaiſe, répond-il, *car Dieu*
„ *ne donne point de tels pouvoirs*.
„ Mais ils auront droit de le faire
„ *impunément* à l'égard de la Juſtice
„ humaine, qui ne peut rien ſur
„ eux. . . . Car l'autorité du com-
„ mandement, dit S. Ambroiſe, Apol David.
„ ne permet pas que les loix les
„ condamnent au ſuplice ; & les
„ loix n'ont point d'action contre
„ eux pour les châtier „. [Voilà
l'éclairciſſement de la queſtion,
fondé dans les principes mêmes de
la Religion, & de la plus exacte
Théologie.]

§. 3.

Des Remontrances.

Je termine tout ceci par un dernier point que M. Boſſuet n'a pas oublié, & que je ne dois point omettre. C'eſt celui des *Remontrances* ou *Repréſentations*.

Liv. 6. Art. 2. Prop. 6.

„ Puiſque *les ſujets* (en vertu „ de la *fidélité* & de la ſoumiſſion „ qu'ils doivent aux Princes) *n'ont* „ *à oppoſer à leur injuſtice & à* „ *leur violence, que des Remontran-* „ *ces reſpectueuſes, & des prieres* „ *pour leur converſion*; .... qu'il „ ſoit donc permis au peuple op- „ preſſé de recourir au Prince par „ ſes Magiſtrats, & par les voies „ légitimes „.

[Qu'on n'interdiſe donc pas à ces Magiſtrats l'accès du trône, ou qu'on ne leur ferme point les oreilles du Prince. Qu'on leur permette de parler pour le peuple, pour l'Etat, pour le Prince même, & qu'on daigne les écouter.]

„ Si les Princes *doivent écouter*

„ même

„ même les particuliers ; à plus
„ forte raiſon doivent-ils écouter
„ le peuple, qui leur porte avec
„ reſpect ſes *juſtes plaintes* par les
„ voies permiſes. Pharaon, tout
„ endurci & tout tyran qu'il étoit,
„ ne laiſſoit pas du moins d'écou-
„ ter les Iſraëlites. Il écoutoit
„ Moyſe & Aaron. Il reçut à ſon
„ audience les Magiſtrats du peu-
„ ple d'Iſraël qui vinrent ſe plain-
„ dre à lui avec de grands cris,
„ & lui diſoient : « Pourquoi trai- Ex. 5. 15.
„ tez-vous ainſi vos ſerviteurs, & 16.
„ ſouffrez-vous qu'on agiſſe injuſ-
„ tement contre votre peuple ».

„ Mais quand on parle de *Re-*
„ *montrances reſpectueuſes*, on en-
„ tend qu'elles ſe ſoient effective-
„ ment, & non-ſeulement en ap-
„ parence ; ... c'eſt-à-dire, qu'elles
„ ſoient ſans mutinerie, ſans ai-
„ greur, & ſans murmure.... On
„ ne voit rien de ſemblable (à ces
„ écarts) dans les Remontrances
„ que les Chrétiens perſécutés fai-
„ ſoient aux Empereurs. Tout y
„ eſt ſoumis, tout y eſt modeſte.
„ *La vérité de Dieu y eſt dite avec*

„ *liberté* : mais ces diſcours ſont „ ſi éloignés des termes ſéditieux, „ qu'encore aujourd'hui on ne „ peut les lire, ſans ſe ſentir „ porté à l'obéiſſance & à la fi- „ délité „. [Rien n'eſt plus digne de Magiſtrats chrétiens, que cette liberté ferme, mais reſpectueuſe, avec laquelle il adreſſerent aux Souverains leurs juſtes & humbles Repréſentations. Auſſi eſt-ce une juſtice qu'on ne peut ſe diſpenſer de rendre aux Remontrances de nos premiers Magiſtrats. La *vérité* y eſt dite avec autant de ſoumiſ- ſion & de reſpect, que de force & de ſincérité.]

„ A cela il faut joindre *des vœux* „ *& des prieres* pour les Princes, „ mais *des prieres* ardentes & *per-* „ *ſévérantes*. Ce ſont les armes (& „ les ſeules armes) de l'Egliſe ... „ Que ſi Dieu n'écoute pas les prie- „ res de ſes fideles ſerviteurs; ſi pour „ éprouver & pour châtier ſes en- „ fans, il permet que la perſécu- „ tion s'échauffe contr'eux, ils „ doivent alors ſe reſſouvenir que
Matth. 10. 23. „ « Jeſus-Chriſt leur Maître les a

„ envoyés comme des brebis au
„ milieu des loups „.

Voilà (ajoute M. Boſſuet) *une doctrine vraiment ſainte, vraiment digne de Jeſus-Chriſt & de ſes diſciples.* [C'eſt donc à cette doctrine qu'il s'en faut tenir, ſans jamais s'en départir pour quelque cauſe que ce ſoit, & quoi que Dieu permette qui arrive.]

Ce 13 Avril 1756.

www.ingramcontent.com/pod-product-compliance
Ingram Content Group UK Ltd.
Pitfield, Milton Keynes, MK11 3LW, UK
UKHW020529180726
13839UKWH00005B/2408

9 782329 373089